45

이아손과 오십 인의 영웅들

주니어RHK

신화의 가치

신화는 한 민족의 기원이나 역사적 · 종교적 · 문화적 삶의 모습을 보여 주는 옛이야기입니다. 주로 신과 영웅에 관한 이야기가 많고, 오랫동안 입에서 입으로 전해 내려왔다는 특징이 있지요.

우리가 살펴볼 그리스 로마 신화는 고대 그리스와 로마에 전해 오는 신화와 전설을 한데 묶은 것입니다. 그리스 로마 신화는 고대의 삶을 엿보게 해 주는 문화유산일 뿐만 아니라, 세계 여러 나라의 문학과 미술에 큰 영향을 끼쳤습니다. 하지만 문화적 가치만큼이나 중요한 것이 또 있습니다. 오래된 옛이야기이면서도 거기에 담긴 교훈적 가치가 오늘날에도 여전히 쓸모 있고 중요하다는 사실입니다.

놀랍지 않나요? 수천 년 전의 이야기가 어떻게 과학 문명이 고도로 발달한 오늘날에도 통하는 것일까요? 그것은 바로 그리스 로마 신화에 나오는 신과 영웅의 모습이 오늘날 우리의 모습과 다르지 않기 때문입니다. 신들도 우리처럼 분노하고, 질투하고, 실수를 하지요. 그런 모습을 보면서 우리는 깔깔 웃거나 눈물을 흘리고, 교훈과 감동을 얻습니다. 우리가 그리스 로마 신화를 읽어야 하는 까닭이 바로 이것입니다.

신화의 세계로 떠날 여러분에게 한마디 덧붙이자면, 신화는 우리에게 끝없는 상상력을 요구한다는 점입니다. 신화 속에는 수많은 은유와 상징이 곳곳에 널려 있지요. 따라서 신화를 읽을 때에는 상상력을 최대한 발휘하여 신화 속에 숨겨진 의미를 찾고, 그것을 자기 나름대로 재해석하는 과정이 필요합니다. 이렇게 읽었을 때에야 비로소 여러분 앞에 놀라운 삶의 이야기가 펼쳐질 것입니다.

자, 그럼 흥미진진한 신화의 세계 속으로 함께 떠나 볼까요?

이올코스의 왕 펠리아스는 아폴론 신전에서 신탁을 받습니다.
신전의 여사제가 전해 준 신탁은
'모노산달로스가 이올코스의 왕이 된다.' 는 것이었습니다.
이 신탁은 무슨 뜻일까요? 모노산달로스는 누구일까요?

주요 등장인물

이아손

이올코스의 왕자예요.
펠리온 산에서 케이론에게 교육을 받아요.
모험심이 강하고 용감해요.
황금 양털을 구하러 모험을 떠나요.

헤라

신들의 여왕으로
펠리아스를 싫어해서
이아손을 적극적으로
도와주어요.
늙은 할머니의 모습으로
변해서 등장해요.

아이손

이올코스의 왕이에요.
늙고 병들자
아들 이아손이
어른이 될 때까지
동생 펠리아스에게
왕위를 맡겨요.

아르고스

그리스의 목수로
아르고 원정대가 타고 갈
배를 만들어요.

펠리아스

이올코스 왕의 의붓동생이에요.
잔인하고 음흉해요. 조카 이아손에게
왕위를 돌려주기 싫어서 황금 양털을
구해 오라고 시켜요.

헤라클레스

제우스의 아들로 힘이 엄청나게 세요.
이아손과 함께하는 아르고 원정대원이 되어
모험을 떠나요. 아름다운 소년 힐라스를
좋아해요.

1
이올코스의 왕자 이아손

"펠리아스, 네가 내 대신 나라를 다스려라.
하지만 이아손이 어른이 되면
반드시 왕위를 물려주어야 한다."

이올코스라는 나라에 아이손이라는 왕이 있었습니다. 아이손 왕은 나약하고 *우유부단했습니다. 게다가 늙고 병들어 힘이 없으며, 용감하지도 않고, 머리도 좋지 않았습니다.

그렇다고 곁에서 도와줄 지혜로운 왕비도, *장성한 왕자나 똑똑한 공주도 없었습니다. 다만 이제 겨우 다섯 살 난 어린 왕자 이아손이 있을 뿐이었습니다.

아, 불행히도 펠리아스라는 의붓동생도 있었습니다. 펠리아스는 형과 달리 건강하고 욕심이 많았습니다. 펠리아스는 병든 형과 어린 조카 대신 왕위에 오르고 싶었습니다. 그래서 틈만 나면

신하들을 집으로 불러 보석과 비단, 황금을 선물로 주며 자신이 왕이 되어야 한다고 꾀었습니다. 신하들은 점차 펠리아스의 뜻대로 그가 왕위에 올라야 한다고 여기저기 말하고 다녔습니다.

"아이손 왕은 나이가 많고 왕자는 저렇게 어리니, 왕자가 다 자랄 때까지 펠리아스 님이 왕위에 올라 나라를 지키는 게 어떨까?"

*우유부단하다 어물어물 망설이기만 하고 결단성이 없다.
*장성하다 자라서 어른이 되다.

펠리아스는 불행한 어린 시절을 보냈습니다. 어머니 티로에게 버림받아 동굴에서 살았던 것입니다. 티로의 새어머니, 즉 펠리아스에게 새할머니인 시데로가 티로를 구박하고 펠리아스를 내다 버리게 했습니다.

어른이 된 펠리아스는 시데로에 대한 복수심에 불탔습니다. 시데로는 그런 펠리아스를 피해 헤라 여신의 신전에 숨었습니다. 하지만 펠리아스는 끝까지 쫓아가 시데로를 죽였습니다.

아이손 왕도 펠리아스에게 이처럼 잔인한 면이 있다는 걸 알고 있었습니다. 또 왕위에 오르려는 욕심에 가득 차 있으며, 신하들도

자신의 편으로 만들었다는 걸 알게 되었습니다. 어린 왕자 이아손에게 왕위를 물려주어야 한다고 주장하다간 오히려 자신이 *해코지를 당할 것 같았습니다.

그래서 아이손 왕은 펠리아스를 불러 말했습니다.

"펠리아스, 네가 내 대신 나라를 다스려라. 하지만 이아손이 어른이 되면 반드시 왕위를 물려주어야 한다."

펠리아스는 반드시 그렇게 하겠다고 약속하고 왕이 되었습니다.

*해코지 남을 해치고자 하는 짓.

아이손 왕은 펠리아스에게 왕위를 물려주고 *한적한 시골로 물러났습니다. 그러고는 아무도 모르게 이아손을 빼돌렸습니다. 이올코스에 머물러 있다가는, 펠리아스가 이아손을 가만두지 않을 게 틀림없었기 때문입니다.

이아손은 펠리온 산에 사는 케이론에게 보내졌습니다. 케이론은 몸의 윗부분은 인간이지만 아랫부분은 말인 켄타우로스였습니다. 하지만 성질이 사나운 다른 켄타우로스와 달리 케이론은 현명하고 뛰어난 학자였습니다. 게다가 훌륭한 선생님이어서 수많은 영웅들에게 *의술, 음악과 사냥을 가르쳤습니다.

*__한적하다__ 한가하고 고요하다.
*__의술__ 병이나 상처를 고치는 기술. 또는 의학에 관련되는 기술.
*__쟁기질__ 쟁기를 부려 논밭을 가는 일.

케이론은 이아손에게 활 쏘는 법과 칼로 싸우는 법을 비롯해 배를 만드는 법, 뱃길을 읽는 방법, *쟁기질하는 법도 가르쳐 주었습니다. 또 친절함, 선량함, 하기로 결정한 일은 끝까지 해내는 끈기와 지혜도 가르쳤습니다.

하늘의 별이 된 케이론

영웅 헤라클레스는 멧돼지를 쫓다가 켄타우로스 족이 사는 마을에 들어갔어요. 그때 우연히 싸움이 일어났고, 헤라클레스가 쏜 독화살에 지나가던 케이론이 맞았어요. 보통 사람이면 죽고 말았겠지만, 케이론은 영원히 죽지 않는 몸이었어요. 케이론은 죽지도 못하고 화살에 묻은 독 때문에 영원한 고통을 겪어야만 했지요. 결국 케이론은 죽지 않는 자기의 영원한 목숨을 프로메테우스에게 넘기고, 하늘의 별이 되었답니다. 그 별자리가 바로 사수자리예요. 이아손이 황금 양털을 찾아 모험을 떠날 때 이 별자리가 길을 안내했다고 해요.

이아손은 케이론의 보살핌을 받으며 무럭무럭 자라 스무 살 청년이 되었습니다. 이아손은 모험을 아주 좋아해서 배를 타고 바다 멀리 나가고 싶었습니다. *미지의 섬에 살고 있는 사람들을 만나고, 괴물을 물리치고 싶었지요. 또 매우 친절한 성격이어서 주위에 사람들이 많이 모여들었습니다.

케이론은 이아손에게 이제 펠리온 산을 내려가 펠리아스 숙부에게서 왕위를 돌려받을 때가 되었다고 말했습니다. 이아손은 다른 영웅들이 그랬던 것처럼 긴 머리를 휘날리며 사냥한 표범의 가죽을 걸치고는 길을 떠났습니다.

*미지 아직 알지 못함.

2
황금 양털을 찾아서

"훌륭한 청년이 되었으니
마땅히 왕위를 돌려받아야겠지.
황금 양털을 가져오는 날,
왕국과 왕위를 물려받아라."

펠리온 *산자락 갈대숲을 헤치고 나온 이아손이 강을 건너려고 강가에 섰습니다. 그때 강가에 앉아 있던 한 할머니가 이아손을 불렀습니다.

"이봐, 젊은이! 나도 좀 건너가게 도와줘."

"할머니도 강을 건너시게요?"

"응. 근데 물살이 무서워서 도저히 건널 수가 없어."

"그럼 제 등에 업히세요."

친절한 이아손은 할머니에게 등을 내밀었습니다. 할머니는 이아손의 등에 올라 목을 꼭 껴안았습니다. 이아손은 할머니가 너무 가벼워서 업은 것 같지도 않다고 생각했습니다.

***산자락** 밋밋하게 비탈져 나간 산의 밑부분.

이아손은 물살을 헤치며 성큼성큼 걸어 나갔습니다. 잔잔해 보이던 강물이 점차 거세어지기 시작했습니다. 게다가 몇 걸음이면 건널 수 있을 것 같았던 강은 아무리 걸어도 건너편이 나오지 않았습니다. 할머니도 점차 무거워져 *천근만근처럼 느껴져 한 발 한 발 내딛기가 힘들어졌습니다.

'이상하네. 분명히 얼마 안 되는 거리였는데…….'

그때였습니다.

"어, 내 신발!"

*천근만근 무게가 천 근이나 만 근이 된다는 뜻으로, 아주 무거움을 비유적으로 이르는 말.

이아손의 신발 한 짝이 물속에서 미끄러져 벗겨졌습니다. 신발은 물살을 타고 두둥실 떠내려갔습니다. 할머니를 업고서는 도저히 신발을 따라갈 수 없었습니다.

"어쩌나, 괜히 나 때문에 신발을 잃어버렸네."

"괜찮습니다. 전 신발 한 짝만 신어도 상관없어요."

이아손은 웃으며 할머니를 안심시켰습니다.

강 건너편에 다다르자 이아손은 할머니를 내려주었습니다. 그 순간 할머니의 모습이 변했습니다. 늙고 기운 없던 할머니가 갑자기 우아하고 *기품이 넘치는 여신이 되었습니다.

할머니는 바로 신들의 여왕, 헤라 여신이었습니다.

"이아손, 너는 참 착한 마음씨를 가졌구나. 앞으로 훌륭한 영웅이 될 것이다."

이아손은 할머니가 헤라 여신이었다는 사실에 너무나 놀랐습니다. 게다가 여신이 무슨 말을 하는 것인지 알아들을 수가 없었습니다.

"그게 무슨 말씀이세요?"

"이아손, 앞으로 내가 너의 곁에서 도와주마."

헤라 여신은 수수께끼

*기품 인격이나 작품 따위에서 드러나는 고상한 품격.

같은 말만 남기고 사라졌습니다. 헤라 여신은 오래전 자신의 신전에서 *살인을 저지른 펠리아스에게 복수를 하고 싶었습니다. 그래서 이아손을 시험해 본 것이었습니다. 헤라 여신은 이아손을 도와주기로 마음먹었습니다.

헤라 여신을 업은 이아손

헤라 여신은 늙은 할머니의 모습으로 많이 변신해요. 이아손도 할머니로 변한 헤라 여신을 업고 강을 건너지요. 그리스 강은 우리나라 강과는 달리 깊지도 않고 폭이 넓지도 않아서, 비가 많이 오지만 않으면 대부분 걸어서 건널 수 있었다고 해요. 펠리온 산에서 내려와 이올코스로 가려면 아나우로스 강을 건너야 했다고 하니, 이아손은 이 강을 건넌 것이겠지요.

*살인 사람을 죽임.

어느 날 펠리아스 왕은 델포이에 있는 아폴론 신전에서 알쏭달쏭한 수수께끼 같은 신탁을 받았습니다. 신탁은 신발 한 짝을 신은 사람을 조심하라는 것이었습니다. 펠리아스는 이 예언의 뜻을 알기 위해 골똘히 생각해 보았지만 아무런 소용이 없었습니다. 하지만 은근히 이 예언이 걱정되었습니다.

이아손이 이올코스에 도착한 날, 많은 사람들이 모여 포세이돈을 위한 *성대한 제사를 지내고 잔치를 벌이고 있었습니다. 사람들은 이아손이 한쪽만 신발을 신은 것을 보고 깜짝 놀라 펠리아스 왕에게 데려갔습니다.

펠리아스도 이아손을 보고 놀랐지만 겉으로 드러내지 않고 고향과 이름을 물어보았습니다.

이아손은 자신이 아이손 왕의 아들이며 왕위를 돌려받으러 왔다고 당당하게 말했습니다. 펠리아스는 이 말을 듣고 놀랐지만 친절하게 맞아 주는 척했습니다.

펠리아스와 모노산달로스

펠리아스는 왕의 상징인 지팡이를 짚고 있는 모습으로 많이 그려져요. 그가 델포이 신전에서 받은 신탁은 '모노산달로스가 이올코스의 왕이 된다.'였어요. 모노산달로스란 바로 '신발을 한 짝만 신은 사나이'라는 뜻이에요. 다른 누군가가 왕이 된다는 말은 자신이 죽임을 당한다는 뜻이므로 펠리아스는 신탁을 듣고 두려워했어요. 그런데 정말로 이아손이 신발을 한 짝만 신고 나타나지요. 과연 펠리아스의 운명은 어떻게 될까요?

*성대하다 행사의 규모 따위가 풍성하고 크다.

이아손을 환영하는 잔치는 닷새 동안 계속되었습니다. 이아손은 여섯째 되는 날 펠리아스 왕 앞으로 나아가 공손하게 말했습니다.

"숙부님, 이제 제가 아버지의 뒤를 이을 때가 되었습니다."

"그래, 훌륭한 청년이 되었으니 마땅히 왕위를 돌려받아야겠지. 하지만 한 가지 마음에 걸리는 게 있구나. 오래전부터 테바이의 왕 프릭소스가 내 꿈에 나타나 콜키스의 아이에테스 왕에게서 자신의 *유골과 황금 양털을 찾아가지고 와 달라는구나. 나 같은 늙은이는 할 수 없는 일이지만 너라면 별로 어려운 일이 아니겠지? 황금 양털을 가져오는 날, 왕국과 왕위를 물려받아라."

펠리아스 왕이 콜키스로 가라고 한 것은 이아손이 죽기를 바랐기 때문이었습니다. 험난한 바다를 건너 잘 알지 못하는 콜키스까지 가는 동안 위험에 처해 이아손이 죽을 수도 있었습니다. 무사히 콜키스에 도착하더라도 그곳의 왕이 선선히 황금 양털을 내주지 않을 것이기에 목숨이 위태로울 거라고 생각했습니다.

*유골 주검을 태우고 남은 뼈. 또는 무덤 속에서 나온 뼈.

이아손은 펠리아스가 자신을 위해 잔치를 벌여 주었지만 왕위를 순순히 물려주지는 않을 거라는 것을 알고 있었습니다. 또한 한 번도 만나보지 못한 사람들과 한 번도 가 보지 못한 곳을 향해 모험을 떠나고 싶다는 생각이 들었습니다.

이아손은 펠리아스에게 흔쾌히 황금 양털을 찾아오겠다고 약속했습니다.

3
모험을 떠나는 용사들

"이 배의 이름은 아르고 호입니다.
이제부터 우리는 '아르고 원정대'라고 불리게 될 것입니다."

이아손은 그날부터 함께 모험을 떠날 친구들을 찾아 나섰습니다. 자기 혼자 힘만으로는 황금 양털을 찾아오는 게 불가능하다는 걸 잘 알고 있었습니다. 콜키스까지 가려면 넓고 험한 바다를 지나는 고된 *항해를 해야만 했습니다. 게다가 콜키스의 왕 아이에테스는 태양신 헬리오스의 아들이며, 신들의 보호를 받고 있다고 알려져 있었습니다.

이아손은 펠리온 산에서 들었던 그리스의 용맹스러운 청년들에 관한 이야기를 기억했습니다. 그래서 우선 그들에게 황금 양털을 찾으러 가는 계획을 알렸습니다.

이아손은 얼마나 많은 청년들이 모일까 애를 태우며 먼저 배를 만들기로 했습니다.

*항해 배를 타고 바다 위를 다님.

이아손은 *목수 아르고스를 찾아가 배를 만들어 달라고 부탁했습니다.

"아르고스! 내가 영웅들과 항해를 떠날 거라는 이야기를 들으셨지요? 우리를 위해서 커다란 배를 만들어 주세요. 어떤 폭풍우에도 견딜 수 있는 튼튼한 배여야 해요."

"그렇게 크고 튼튼한 배를 만들려면 시간이 상당히 걸릴 거요."

"우린 한시가 급해요. 서둘러 주세요."

"알겠소. 내 최선을 다하리다."

*목수 나무를 다루어 집을 짓거나 가구, 기구 따위를 만드는 일을 업으로 하는 사람.

아르고스는 그날부터 먹고 자는 시간을 빼고는 온종일 배 만드는 일에 집중했습니다. 콜키스까지는 아주 멀어서 돛을 달고 노를 젓는 것만으로는 갈 수가 없었습니다. 게다가 이아손은 배에 쉰 명 정도를 태울 거라고 했습니다. 그 많은 사람들이 탈 만큼 커다란 배를 만드는 일은 결코 쉬운 일이 아니었습니다.

한편 이아손에게 나타났던 헤라 여신 외에 이아손을 도우려 나타난 여신이 또 있었습니다. 바로 아테나 여신이었습니다. 아테나 여신은 배를 만드는 아르고스의 *수호 여신이었습니다. 그녀는 아르고스가 배를 만들며 드렸던 간절한 기도에 응답해 배를 만드는 데 도움을 주기로 했습니다.

먼저 아르고스는 제우스 신전에서 신탁을 전해 주던 참나무를 베어 와 *뱃머리를 만들었습니다. 그래서 이 뱃머리는 말을 할 수 있었습니다.

이렇게 해서 아르고스는 바람을 이용해 돛으로 나아가다가도 쉰 개의 노를 저어 움직일 수 있는 배를 만들었습니다. 배의 이름은 아르고스의 이름을 따서 '아르고 호'라고 붙였습니다. '아르고'란 '빠르다'라는 뜻이었습니다.

*수호 지키고 보호함.
*뱃머리 배의 앞 끝.

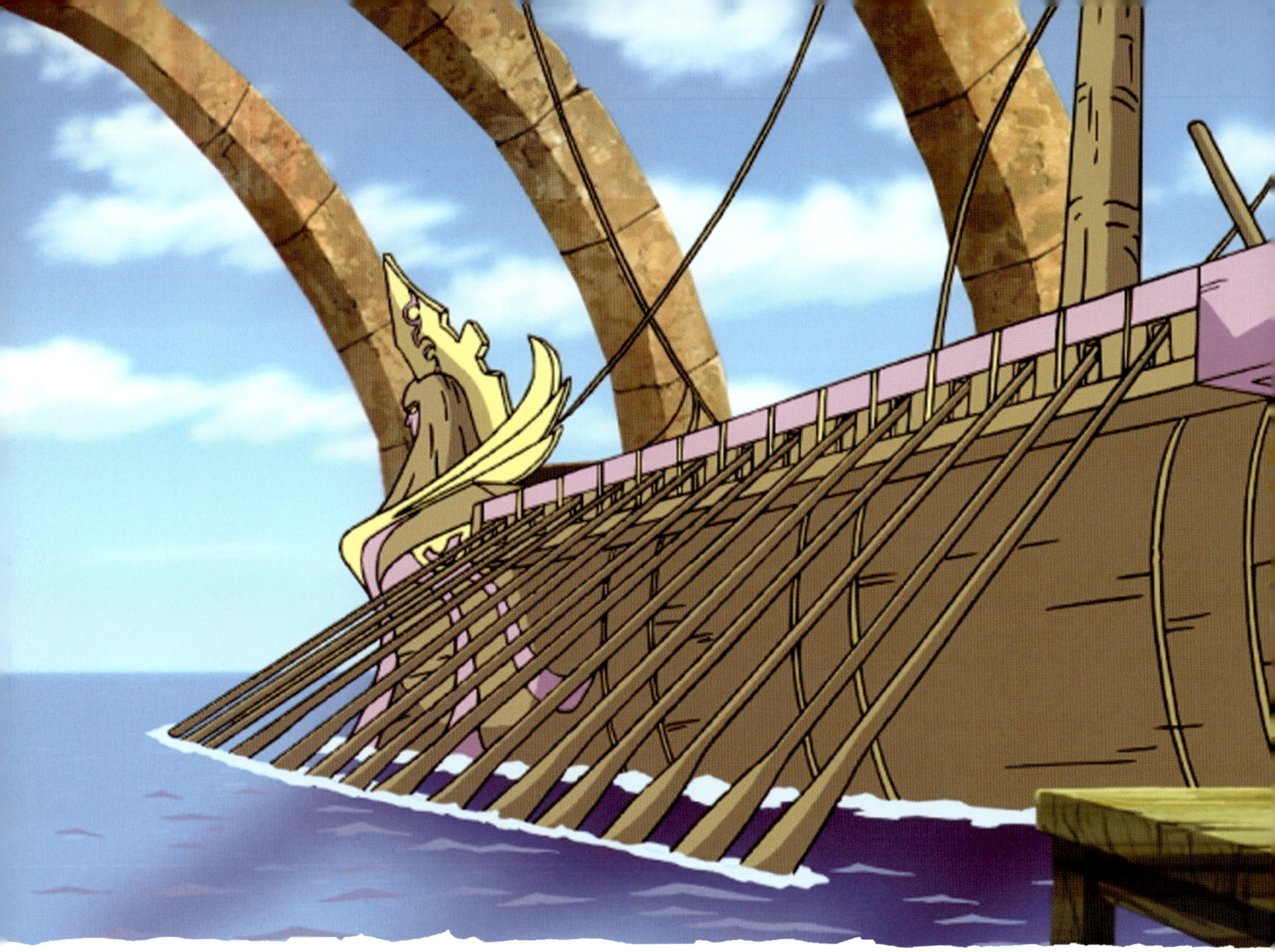

이아손은 배를 준비해 놓고 함께 떠날 영웅들을 초조하게 기다렸습니다. 어느 날, 성문 앞을 지나갈 무렵 시끌벅적한 소리가 들려왔습니다. 가까이 가 보니 젊은이 수십 명이 모여 있었습니다. 궁금해진 이아손이 그들에게 물었습니다.

"무슨 일이죠? 왜들 모여 있습니까?"

그들 중 한 명이 대답했습니다.

"이아손과 함께 모험을 떠나려고 모인 사람들입니다."

이아손은 많은 사람들을 보고 가슴이 터질 듯 *감격했습니다.

"여러분! 제가 바로 이아손입니다. 이렇게 와 주어서 감사합니다!"

이아손이 큰 소리로 외쳤습니다. 그러자 젊은이들은 모두 함께 함성을 질렀습니다. 마치 수백, 수천 명의 사람들이 지르는 것처럼 우렁찬 함성이었습니다.

*감격 마음에 깊이 느끼어 크게 감동함. 또는 그 감동.

그 자리에 모인 젊은이들은 이름만 들어도 누군지 알 만한 그리스의 용감한 젊은 영웅들이었습니다.

천하장사 헤라클레스와 그의 친구 힐라스, 리라를 잘 타는 오르페우스, 제우스의 아들 카스토르와 폴리데우케스, 북풍의 아들 칼라이스와 제테스, 남자보다 더 용감한 여전사 아탈란테, 아킬레우스의 아버지 펠레우스, 칼리돈의 멧돼지를 잡은 멜레아그로스, 폴리페모스 등 하나같이 유명한 영웅들이었습니다.

영웅들을 이끌게 된 이아손은 이미 황금 양털을 손에 넣은 것처럼 자신이 넘쳤습니다. 이들과 함께라면 못 해낼 것이 없어 보였습니다.

그렇게 무려 쉰 명에 이르는 영웅들이 황금 양털을 찾아 콜키스를 향해 떠나게 되었습니다. 이 쉰 명의 영웅들은 '아르고나우타이'라고 불렸습니다.

모두 앞으로 펼쳐질 모험에 의욕이 솟구쳤습니다.

“자, 우리가 타고 갈 배를 보러 갑시다!”

이아손은 젊은이들을 이끌고 아르고스가 만든 배가 있는 곳으로 갔습니다. 이제까지 한 번도 보지 못한 거대한 배의 모습에 모두 깜짝 놀랐습니다.

“이 배의 이름은 아르고 호입니다. 이제부터 우리는 ‘아르고 원정대’라고 불리게 될 것입니다.”

이아손이 자랑스럽게 말했습니다.

기운 넘치는 젊은 영웅들은 박수를 치며 환호했습니다.

"지금 바로 출발하자. 황금 양털이 있는 머나먼 콜키스를 향해 항해를 시작하자!"

이아손이 외쳤습니다. 젊은 영웅들은 배를 밀어 바다에 띄우고는 날랜 몸짓으로 가뿐하게 배에 올라탔습니다.

이아손을 대장으로 한 젊은이들 쉰 명의 모험이 시작되는 순간이었습니다.

아르고 원정대의 모험

〈아르고 호〉 로렌초 코스타

아르고 원정대의 항해 모습이에요. 아르고 호의 활짝 펼쳐진 돛은 행운을 상징한답니다. 아르고 호 위에 칼과 곤봉, 방패 등으로 무장한 영웅들이 보여요.

4
아르고 호의 항해

쉰 개의 노가 박자를 맞추어

일제히 움직였습니다.

순풍이 배를 멀리멀리 밀어 주었습니다.

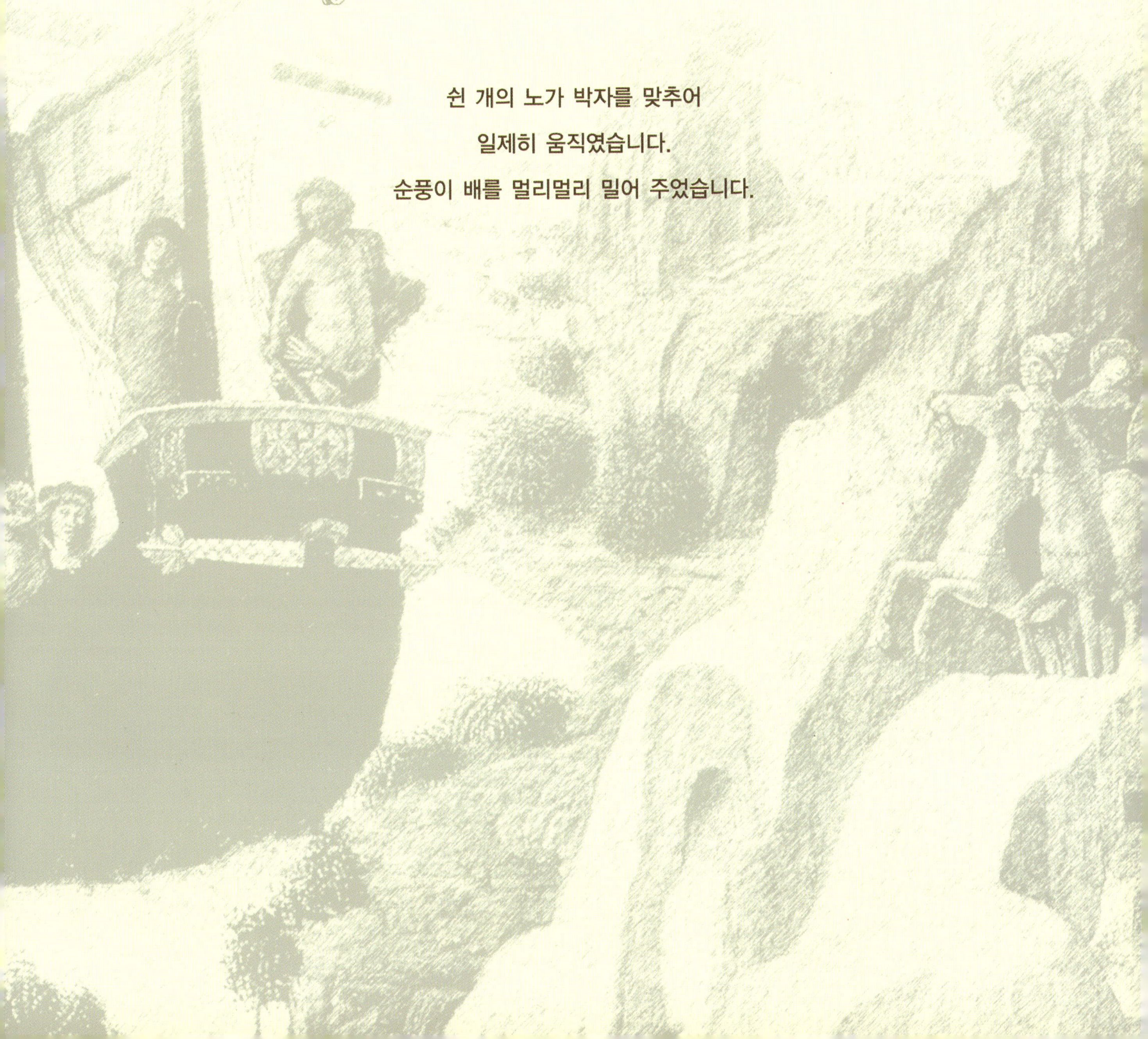

이올코스를 떠나자 아르고 호는 트라키아 바다로 들어섰습니다. 아르고 원정대의 영웅들은 모두 *갑판에 나와 바다를 바라보고 섰습니다. 멀리서 불어오는 바람이 영웅들의 옷자락과 머리카락을 휘날렸습니다.

멀고 먼 콜키스까지의 항해에서 얼마나 많은 위험이 그들을 기다리고 있을지 알 수 없는 노릇이었습니다. 하지만 아르고 원정대의 영웅들은 두려워하기보다는 오히려 가슴 설레어 했습니다. 다들 위험을 극복한 뒤 느끼는 승리의 행복을 미리 맛보고 있었습니다.

*갑판 군함과 같은 큰 배 위에 나무나 철판으로 깔아 놓은 넓고 평평한 바닥.

아르고 원정대원들은 자리에 앉아 힘차게 노를 젓기 시작했습니다. 쉰 개의 노가 박자를 맞추어 일제히 움직였습니다. *순풍이 배를 멀리멀리 밀어 주었습니다. 오르페우스는 리라를 흥겹게 연주하며 대원들의 기운을 북돋워 주었습니다.

아르고 호가 처음 도착한 곳은 렘노스 섬이었습니다. 렘노스는 여자들만 사는 섬이었습니다. 이 섬의 여자들은 아프로디테를 섬기지 않아서 몸에서 이상한 냄새가 나는 벌을 받았습니다. 그러자 섬의 남자들이 부인들을 배신하고 다른 섬의 여자들을 데리고 왔습니다. 화가 난 여자들은 복수하기 위해 섬에 있는 남자들을 모두 죽였습니다.

*순풍 배가 가는 쪽으로 부는 바람. 또는 바람이 부는 쪽으로 배가 감.

렘노스 섬의 여왕 힙시필레는 처음엔 아르고 원정대가 육지에 내리지 못하게 막았습니다. 하지만 남을 설득하는 능력이 뛰어난 이아손이 여왕을 설득해 아르고 원정대원들을 *상륙하게 했습니다.

며칠만 머물러 있으려던 계획은 섬에서 여인들과 즐거운 시간을 보내는 바람에 여러 해로 바뀌었습니다. 바닷가에 머물며 배를 지키던 헤라클레스는 돌아오지 않는 영웅들 때문에 화가 났습니다.

헤라클레스는 대원들이 머물고 있는 궁으로 뛰어가서 어서 떠나자고 설득했습니다. 아르고 원정대원들은 그제야 정신을 차리고

*상륙 배에서 육지로 오름.

아르고 호로 돌아왔습니다. 그러고는 다시 닻을 올리고 새로운 모험을 찾아 나섰습니다.

힙시필레

힙시필레는 토아스와 미리나의 딸로서 디오니소스와 아리아드네의 손녀예요. 토아스가 렘노스 섬을 다스리던 시절, 섬의 여자들은 남자들에게 화가 나서 남자들을 모두 죽이기로 하지요. 힙시필레는 아버지 토아스를 궤짝에 숨겨 바다에 던져 목숨을 구해 주어요. 나중에 이 사실이 드러나, 여왕임에도 죽을 운명에 처해 도망치다 해적에게 납치되지요. 그 후 시녀로 일하게 되었는데, 잠시 한눈판 사이에 돌보던 왕자가 뱀에 물려 죽게 되자 또다시 죽임을 당할 처지에 놓여요. 다행히도 이아손과의 사이에서 낳은 두 아들이 그녀를 찾아와 구해 준답니다.

렘노스 섬을 떠난 원정대는 프릭소스의 동생 헬레가 빠졌던 바다인 헬레스폰토스를 지나갔습니다. 아르고 호는 그 바다 근처에 있는 키지코스라는 나라에 물과 식량을 얻으러 잠시 들렀습니다. 키지코스의 왕은 아르고 호 영웅들을 반겨 주었습니다.

다시 바다로 나선 아르고 호는 강한 파도를 만나 뱃길을 잃고 떠다녔습니다. 어두운 밤, 간신히 도착한 곳은 다시 키지코스였으나 아무도 그 사실을 알지 못했습니다. 키지코스 군사들도 어두운 탓에 아르고 호 영웅들을 알아보지 못했습니다.

원정대원들은 어둠 속에서 키지코스 군사들과 싸움을 벌이다 왕을 죽이는 잘못을 저질렀습니다. 날이 밝자 자신들의 죄를 깨달은 아르고 원정대원들은 잘못을 뉘우치고 신께 제사를 드린 뒤에야 다시 항해를 계속할 수 있었습니다.

5
계속되는 모험들

"아름다운 소년이여, 우리와 함께 지내요."
샘물 속에서 아름다운 목소리가 힐라스에게 속삭였습니다.
갑자기 길고 하얀 팔들이 나와서
힐라스의 다리를 잡아당겼습니다.

항해를 다시 시작하고서도 대원들은 계속 풀이 죽어 있었습니다. 자신들을 반겨 주었던 왕을 실수로 죽이고 말았으니까요. 하지만 모두 열심히 노를 저었습니다. 특히 힘이 센 헤라클레스는 너무나 힘차게 노를 젓는 바람에 노가 뚝 하고 부러졌습니다. 헤라클레스는 성격이 불같아서 노를 만든 아르고스가 노를 약하게 만들었다고 오히려 화를 냈습니다.

키지코스에서 오래 머무느라 물과 식량이 얼마 남아 있지 않던 참이라 노를 고칠 겸 아르고 호는 미시아의 바닷가에 배를 세웠습니다.

하지만 그곳은 불행히도 강이 없고, 시내도 없어서 사람이 살지 않는 곳이었습니다. 아르고 원정대원들은 제각기 물통을 들고 산으로 올라가 산속의 샘을 찾아보기로 했습니다.

헤라클레스는 앞서 가는 힐라스의 뒤통수를 보며 소리쳤습니다.

"힐라스, 몸조심해. 너같이 어여쁜 소년은 누가 데리고 갈지도 몰라!"

모두 웃으며 기분 좋게 산으로 올라갔습니다. 몇 시간이 지나자 대원들은 하나둘씩 물을 길어 내려왔습니다.

하지만 아름다운 소년 힐라스는 보이지 않았습니다.

"힐라스만 오지 않았군. 무슨 일이 생긴 걸까?"

대원들 중 한 명이 묻자 힐라스와 같은 방향으로 갔던 다른 대원이 나섰습니다.

"아까 힐라스가 샘물가에 물통을 놓고 물끄러미 물을 쳐다보고 있었어요."

노를 새로 만들어 놓고 기다리던 헤라클레스가 벌떡 일어났습니다.

"아무래도 내가 가 봐야겠어."

"우리도 같이 가."

이아손과 폴리페모스가 헤라클레스와 함께 산 위로 올라갔습니다.

힐라스는 그 시간 샘에서 물을 길어 올리고 있었습니다. 그런데 갑자기 속삭이는 소리와 함께 웃음소리가 들렸습니다. 주위를 둘러보았지만 아무도 보이지 않았습니다.

"아름다운 소년이여, 행복한 이 섬에서 우리와 함께 지내요."

가느다란 목소리가 힐라스의 귀에 들려왔습니다. 힐라스는 점점 무서워지기 시작했습니다. 바로 그때 샘물 속에서 긴 팔들이 나왔습니다. 아름다운 님프들의 팔이었습니다. 님프들은 힐라스의 다리를 잡았습니다.

"님, 님프들이다……."

님프들은 넋을 잃은 힐라스의 다리를 잡아당겼습니다.

아름다운 소년, 힐라스

〈힐라스와 님프들〉 존 윌리엄 워터하우스

헤라클레스는 드리오페데스 족과 싸우던 중에 테이오다마스 왕을 죽이고 그의 아들 힐라스를 납치했어요. 헤라클레스는 아름다운 힐라스를 보고 사랑에 빠졌지요. 화가들은 샘물가에서 요정들과 만나는 힐라스의 모습을 많이 그렸어요. 아름다운 님프들이지만 어쩐지 으스스한 느낌이 들어요.

신화 뒷이야기

OLYMPUS GUARDIAN

펠리아스는 티로의 아들입니다. 티로는 포세이돈의 사랑을 받아 펠리아스와 넬레우스를 쌍둥이로 낳아 몰래 키우고 있었습니다. 이를 알지 못하는 이올코스의 왕 크레테우스가 티로와 결혼을 해서 태어난 아들이 아이손입니다. 티로에게는 새어머니 시데로가 있었는데, 시데로는 늘 티로를 구박해 아이들을 버리게 만들었습니다. 그래서 펠리아스와 넬레우스는 동굴에서 자라게 되었습니다. 나중에 모든 걸 알게 된 펠리아스가 시데로를 죽이려고 하는데 이때, 시데로는 헤라 여신의 신전으로 숨어듭니다. 펠리아스는 살려달라고 사정하며 제단으로 숨는 시데로를 잔인하게 죽여 헤라 여신의 분노를 사게 되었습니다. 그래서 헤라 여신은 이아손을 도와 펠리아스에게 벌을 주려고 하지요.

이아손은 헤라 여신뿐만 아니라 아프로디테 여신의 도움도 받게 됩니다. 렘노스 섬에 사는 여자들은 아프로디테의 벌을 받아 몸에서 이상한 냄새가 나서 남편

들에게 버림을 받았습니다. 그러자 여자들은 남자들을 모두 죽여 렘노스 섬에는 남자들이 없었습니다. 아르고 원정대는 섬에 들어가 여자들과의 사이에서 자식을 낳고 아프로디테의 저주를 풀어 주었습니다. 아프로디테 여신은 이 일로 이아손을 도와주게 됩니다. 에로스의 화살로 콜키스의 공주 메데이아가 이아손을 사랑하게 만들어 준 것이지요.

이처럼 신에게 사랑을 받거나 벌을 받게 되는 것은 사람이 꼭 지켜야 하는 도리를 지켰는가 안 지켰는가에 따라 달라졌습니다. 신화에 등장하는 신들은 남들에게 착한 일을 많이 베푼 사람에게 복을 내렸습니다. 마찬가지로 남에게 모질게 하거나 해를 입힌 사람은 결국 벌을 받았지요. 신화는 내 곁에 있는 사람들을 위하는 행동이 바로 신들의 마음을 얻게 되는 길이라고 이야기하고 있습니다.

올림포스 신들의 계보

크로노스 + 레아
하데스
지하 세계의 왕
포세이돈
바다의 신
제우스
신들의 왕
헤라
신들의 여왕,
제우스의 아내
헤스티아
난로·불의 여신
데메테르
대지의 여신
아테나
지혜 · 전쟁의 여신
제우스 + 메티스
아폴론
의술 · 음악의 신
제우스 + 레토
아르테미스
사냥 · 순결의 여신
아스클레피오스
의술의 신
아레스
전쟁의 신
제우스 + 헤라
헤파이스토스
대장간의 신
제우스 + 디오네
아프로디테
헤파이스토스의 아내,
미의 여신
에로스
사랑의 신
헤르메스
신들의 전령,
상업의 신
제우스 + 마이아
디오니소스
술의 신
제우스 + 세멜레
페르세포네
하데스의 아내
지하 세계의 여왕
제우스 + 데메테르

⚜ 그리스 로마 신화 주요 인물의 이름 ⚜

그리스 어	로마 어	영어
가이아	텔루스	
니케	빅토리아	나이키, 빅토리
데메테르	케레스	세레스
디오니소스	바쿠스	바커스
레아	키벨레	시벨레
아레스	마르스	마스
아르테미스	디아나	다이애나
아테나	아테네, 미네르바	
아폴론	아폴로	아폴로
아프로디테	베누스	비너스
에로스	쿠피드, 아모르	큐피드
오디세우스	울릭세스	율리시스
우라노스	카일루스	유러너스
제우스	유피테르	주피터
크로노스	사투르누스	새턴
페르세포네	프로세르피나	
포세이돈	넵투누스	넵튠
하데스	플루톤	플루토
헤라	유노	주노
헤라클레스	헤르쿨레스	허큘리스
헤르메스	메르쿠리우스	머큐리
헤스티아	베스타	
헤파이스토스	불카누스	벌컨

그리스 로마 신화 올림포스 가디언 45

이아손과 오십 인의 영웅들

펴낸이 양원석
펴낸곳 (주)알에이치코리아
등록 2004년 1월 15일 제2-3726호
주소 서울특별시 금천구 가산디지털2로 53, 20층 (한라시그마밸리)
문의전화 02)6443-8800

ISBN 978-89-255-4403-8(74800)
ISBN 978-89-255-4354-3(세트)

값 12,800원

원작 만화로 보는 그리스 로마 신화(가나출판사)
이광진 엮음, 홍은영 그림
명화 구입처 유로크레온(주)